For Elliot, my pride and joy. X

A big thank you to the pupils in Whitchurch High School SRB Unit,

for the fabulous illustrations on the end papers.

Funny Onion Stories

This book belongs to

Oliver

So pleased you like our Welsh legend!

Clare Ronald

Jayden

ISBN. 9781838166571

Typeset by Funny Onion Stories www.FunnyOnionStories.com

A catalogue for this book is available from the British Library.

Gareth Bale is quite a remarkable person, both personally and professionally. He is regarded by many as the best footballer the small country of Wales has ever produced. He was an elite, world class player for very many years. He is a fantastic ambassador for the sport and a great role model for the children of Wales and indeed, the World.
But where did his amazing skill and dedication come from?
Well... there is a modern day myth that says, on the day that he was born, Gareth Bale was bestowed with all his gifts by a very grateful Welsh wizard and his loyal dragon.

I can't say if the story is true of course, but this is how it goes...

A special baby boy was born, not so long ago.

But nobody knew how special he was until he started to grow.

You see, on the day the boy was born, a curious thing occurred.

A wizard who slept in a deep dank cave was suddenly disturbed.

s a boy
Such Joy
Congratulations

He had slumbered there for hundreds of years, cursed by a wicked warlock.

But the piercing cry of a new born child, awakened him with a shock.

The wizard was keen to meet the child who had broken the warlock’s spell.

He wanted to give the baby a gift and wish the family well.

He concentrated hard, to remember the proper procedure.

Then summoned up a Welsh dragon, a beautiful mystical creature.

So, onto the dragon’s back he climbed, as it gave a fiery roar.

Then up, up, up, into the sky, the dragon and wizard did soar.

Over the hills and towns they flew until they found the right garden.

They landed safely then entered the house, begging the mother's pardon.

The wizard explained the circumstance that had led to this strange situation.

And how he wanted to celebrate, by making a gift to the nation.

He ordered the dragon to breathe some flames into the baby boy.

Then the wizard cast a spell, that would bring the Welsh nation much joy.

So, the baby had fire inside him, that would make him want to compete.

And the wizard's hocus pocus, gave the child magical feet.

The wizard climbed back onto the beast, adjusting his hat and his cloak.

Then the creature and wizard departed, in a puff of red dragon smoke.

As the years passed by, the child began to grow.

And the gift that had been bestowed on him soon began to show.

He was such an exceptional athlete; he had lightning quick feet and great skill.

His talent gave him confidence and amazing strength of will.

He played for Southampton first, when just a 16 year old kid.

Then moved to Tottenham Hotspur before signing with Real Madrid.

SOUTHAMPTON FC

LOS ANGELES
FOOTBALL CLUB

TOTTENHAM
HOTSPUR

Gareth sustained many injuries, requiring lots of rest.

Sadly this happens to athletes, who strive to be the best.

So, Gareth returned to Spurs on loan, then Los Angeles for a while.

Before leading Wales in the FIFA World Cup and bowing out in style.

WALES
11
4

Gareth is such a great role model, for children everywhere.

And supports many good causes, out of the spotlight's glare.

He was never one to boast, about his fame and celebrity.

And was duly awarded an MBE for his service to football and charity.

The wizard followed Gareth's career and became his biggest fan.

Not only of his footballing skills but his values as a man.

Gareth appreciates all of his fans and applauds them at every game.

He tries to make time to meet them and is happy to sign his name.

CYMRU

Gareth accomplished so very much, before he hung up his boots.

But his pride and joy has always been, representing Wales and his roots.

He led Wales through to the FIFA World Cup, he attained that Holy Grail.

And that my friends is the very fantastical tale of Gareth Bale.

Cymru am byth
#TogetherStronger

Jayden

Núria Cussó

EL TESORO DEL PIRATA

Dibujos de Joan Puig

Editorial el Pirata

Pedro es el pirata de seis años
más valiente y astuto de los siete mares.
Con su familia ha cruzado mares
y montañas en busca de tesoros.

PEDRO ES EL PIRATA DE SEIS AÑOS
MÁS VALIENTE Y ASTUTO DE LOS SIETE MARES.
CON SU FAMILIA HA CRUZADO MARES
Y MONTAÑAS EN BUSCA DE TESOROS.

A pesar de que aún es muy pequeño,
se hace llamar Barbanegra, ¡igual que
el pirata más peligroso de la historia!

A PESAR DE QUE AÚN ES MUY PEQUEÑO,
SE HACE LLAMAR BARBANEGRA, ¡IGUAL QUE
EL PIRATA MÁS PELIGROSO DE LA HISTORIA!

Pedro tiene una misión muy importante:
la de guardar bien los tesoros
que tantos esfuerzos, y alguna pelea,
les han costado.

PEDRO TIENE UNA MISIÓN MUY IMPORTANTE:
LA DE GUARDAR BIEN LOS TESOROS
QUE TANTOS ESFUERZOS, Y ALGUNA PELEA,
LES HAN COSTADO.

Entre todas las maravillas
que han encontrado,
tiene escondido un tesoro viejo y sucio,
pero que para él es muy especial.

ENTRE TODAS LAS MARAVILLAS
QUE HAN ENCONTRADO,
TIENE ESCONDIDO UN TESORO VIEJO Y SUCIO,
PERO QUE PARA ÉL ES MUY ESPECIAL.

Hoy, Pedro está triste.
Como cada mañana ha repasado
todas las joyas del barco pero,
cuando ha abierto el cofre,
¡su objeto preferido no estaba!

10

HOY, PEDRO ESTÁ TRISTE.
COMO CADA MAÑANA HA REPASADO
TODAS LAS JOYAS DEL BARCO PERO,
CUANDO HA ABIERTO EL COFRE,
¡SU OBJETO PREFERIDO NO ESTABA!

¿Dónde puede estar?
¿Quizá lo había escondido en la bodega,
entre las botellas de ron de su tío
Matías Hierroelpie, y no se acuerda?
No, en la bodega no está.

¿DÓNDE PUEDE ESTAR?
¿QUIZÁ LO HABÍA ESCONDIDO EN LA BODEGA,
ENTRE LAS BOTELLAS DE RON DE SU TÍO
MATÍAS HIERROELPIE, Y NO SE ACUERDA?
NO, EN LA BODEGA NO ESTÁ.

Quizá, como estaba tan apedazado y viejo,
¿alguien pensó que no estaba
en condiciones y lo echó al mar?
¡No!, no puede ser,
¡todos saben cuánto lo ama!

QUIZÁ, COMO ESTABA TAN APEDAZADO Y VIEJO,
¿ALGUIEN PENSÓ QUE NO ESTABA
EN CONDICIONES Y LO ECHÓ AL MAR?
¡NO!, NO PUEDE SER,
¡TODOS SABEN CUÁNTO LO AMA!

Finalmente, Pedro ha decidido preguntárselo a la persona más lista y con más experiencia que conoce: su abuela, la Cazatiburones.

FINALMENTE, PEDRO HA DECIDIDO PREGUNTÁRSELO A LA PERSONA MÁS LISTA Y CON MÁS EXPERIENCIA QUE CONOCE: SU ABUELA, LA CAZATIBURONES.

Ella, después de pensarlo un rato,
ha decidido:
–Mmm… ¡Me parece que ya sé
dónde está tu tesoro! Hace días
que tu madre se lo miraba
y decía que remediaría tanta suciedad…

ELLA, DESPUÉS DE PENSARLO UN RATO,
HA DECIDIDO:
–MMM… ¡ME PARECE QUE YA SÉ
DÓNDE ESTÁ TU TESORO! HACE DÍAS
QUE TU MADRE SE LO MIRABA
Y DECÍA QUE REMEDIARÍA TANTA SUCIEDAD…

Ambos han ido hacia la lavandería.
Han encontrado a la madre de Pedro
tendiendo por una oreja
su amado osito Tete, bien mojado,
¡pero más limpio que nunca!

AMBOS HAN IDO HACIA LA LAVANDERÍA.
HAN ENCONTRADO A LA MADRE DE PEDRO
TENDIENDO POR UNA OREJA
SU AMADO OSITO TETE, BIEN MOJADO,
¡PERO MÁS LIMPIO QUE NUNCA!

Pedro ha dado un fuerte beso a su madre.
¡Bien está lo que bien acaba!

PEDRO HA DADO UN FUERTE BESO A SU MADRE.
¡BIEN ESTÁ LO QUE BIEN ACABA!

PEDRO DESCUBRE QUE
LAS PERSONAS MAYORES SON MUY SABIAS.
¿QUIÉN ES LA PERSONA
MÁS SABIA QUE CONOCES?

1.ª edición: octubre de 2018
...
14.ª edición: marzo de 2022

ISBN: 978-84-17210-26-7
Depósito Legal: B 15991-2018
Impreso en España.

MIX
Paper from responsible sources
FSC™ C104723

El papel utilizado en este libro procede de fuentes responsables.